Le bibliobus

CP/CE1
cycle 2

Cahier d'activités

Pascal Dupont
Formateur à l'IUFM Midi-Pyrénées
Sylvie Mangeot
EMF

Parcours de lecture

de 4 œuvres littéraires

La petite poule rousse

Conte populaire anglais

Moi, quand je serai grand...

de Pierre Puddu

La sorcière de mes rêves

d'Évelyne Lallemand

Un boxeur d'un mètre dix

de Pierre Coré

HACHETTE
Éducation

AVANT-PROPOS

Ce cahier comporte un ensemble d'activités destinées à accompagner les élèves dans la découverte, la compréhension et les émotions des œuvres complètes du recueil **Le bibliobus cycle 2**.

Il propose des parcours organisés de lecture permettant de lire et comprendre, lire et dire, lire et écrire. Les différentes parties de ces parcours correspondent à un découpage des textes en unités de sens.

Dans le livre, **Le Bibliobus cycle 2**, ce découpage n'est pas marqué formellement. Simplement, comme dans un album, l'alternance entre texte et illustration permet des arrêts de la lecture linéaire pour susciter curiosité et questionnement, favoriser l'anticipation, donner envie de connaître la suite.

Selon le moment de l'année, les textes seront racontés à voix haute par l'enseignant ou lus en autonomie par les élèves. Les textes sont abordés à travers des types d'activités variées afin d'éviter la lassitude d'exercices répétitifs et de soutenir l'appétit de lecture. Celles-ci visent à développer des compétences spécifiques dans le domaine de la maîtrise des langages notamment en ce qui concerne la compréhension.

Dans le cahier d'activités, l'enseignant trouvera les entrées suivantes. Elles sont précédées de consignes simples et accessibles pour guider les élèves.

DÉCOUVRIR • À partir de la couverture et du texte de quatrième de couverture, les élèves, avant de lire l'histoire, émettent des hypothèses, relèvent des indices sur le récit.

LIRE ET DIRE • Des fragments de texte sont sélectionnés afin d'être lus à haute voix par les élèves. Ils s'entraînent à dire un texte en en donnant une interprétation. Ils mémorisent un passage utilisé dans d'autres activités.

LE TEXTE À LA LOUPE • Les élèves répondent oralement à un questionnement qui les aide à construire une représentation claire du texte : De qui ou de quoi parle ce texte ? Qu'est-ce qu'il dit ? À travers les activités proposées, les élèves retrouvent des informations implicites, constituent des réseaux de signification, sont amenés à porter leur attention sur un type de personnage, ses motivations, la structure du texte, la façon dont est racontée l'histoire...

La sorcière de mes rêves et Un boxeur d'un mètre dix, première publication aux éditions Hachette Jeunesse dans la collection Cadou, © Hachette Livre.
La petite poule rousse, © Hachette Livre.

ISBN : 978-2-01-116507-7
© Hachette Livre 2005, 43 quai de Grenelle 75905 Paris cedex 15
www.hachette-education.com

JEU DE MOTS : Les élèves découvrent le fonctionnement de la langue et réfléchissent sur son utilisation. Ils s'entraînent à manipuler différents types d'unités, transforment des phrases, classent des mots...

EN DÉBAT : Les élèves reformulent avec leurs propres mots le texte entendu ou lu, sélectionnent les informations importantes, construisent une représentation claire de l'histoire. À travers le débat, ils peuvent mettre à l'épreuve leur interprétation, relier leur lecture à des expériences personnelles.

AU FIL DU STYLO : La lecture d'un texte est indissociable de son appropriation par l'écriture. Les élèves peuvent trouver de nombreux points de départ d'activités d'écriture dans leurs lectures : prolonger un texte, ajouter un épisode ou un dialogue, réécrire un passage. La lecture vient nourrir l'écriture et l'imaginaire des élèves, l'écriture leur permet de porter un regard plus approfondi sur le texte.

DES TEXTES EN RÉSEAUX : Les élèves, en confrontant un texte qu'ils viennent d'écouter ou de lire aux extraits d'autres textes, adoptent un comportement de lecture spécifique qui les conduit à rechercher des analogies et des résonances, repérer des modes de fonctionnement particuliers, découvrir d'autres aspects du texte source. Peu à peu, ils construisent et structurent leur culture.

DOCS EN STOCK : Les élèves recherchent dans le document proposé des informations simples. Le récit est mis en relation avec des connaissances et la réalité, le domaine de la maîtrise du langage avec celui de la découverte du monde.

ÉVALUATION : Une courte évaluation, sous une forme ludique, est proposée pour vérifier la compréhension des élèves.

Le **cahier d'activités Bibliobus** constitue pour l'enseignant un outil qui permet la mise en œuvre concrète des **programmes 2002**. Il complète efficacement un manuel de lecture en donnant toute sa place au domaine de la compréhension en lecture et à la construction d'une **culture littéraire au cycle 2**. Il offre aux élèves des entrées diversifiées dans les textes afin de développer leurs compétences de jeunes lecteurs et de renouveler leur plaisir d'écouter et de lire des histoires.

Pascal Dupont
Formateur à l'IUFM Midi-Pyrénées

Date : ....

La petite poule rousse

pp. 5-19

Je découvre l'histoire

1 Découpe le puzzle (page 57) et reconstitue la couverture de l'histoire.

2 Entoure le titre de l'histoire.

La petite boule rousse

La petite poule bouge

La petite poule rousse

La petite boule rouge

3 Découpe les étiquettes (page 57) et nomme les **personnages**.

Je lis et je dis

LIRE ET DIRE

1 Relis le **début** de l'histoire.

Il était une fois une petite poule rousse.
Un jour, elle trouva un grain de blé.
« Qui m'aidera à le planter ? »
– Pas moi, dit le chien.
– Pas moi, dit le chat.
– Pas moi, dit le canard.

2 Combien de personnages **parlent** ? ......

3 Entoure ce que **dit** la petite poule rousse.

4 Souligne les mots qui sont **répétés**.

Date : ....

Je comprends

1 Réponds aux questions et illustre tes réponses.

À qui la petite poule rousse demande-t-elle de l'aide ?

....

....

....

Qui mange le pain à la fin de l'histoire ?

....

....

....

Date : ....

2 Complète les **étapes de l'histoire** en dessinant celles qui manquent.

La petite poule rousse fauche le blé.	La petite poule rousse bat le blé.

La petite poule rousse porte le blé au moulin.	La petite poule rousse mange le pain.

Date : ……………………………………

Je joue avec les mots

1 Reforme les mots et recopie la phrase.

La pe ti te pou le rous se de man da : le blé est haut main te nant, qui m'ai de ra à le fau cher ?

……………………………………

……………………………………

……………………………………

2 Transforme chaque mot en remplaçant l'une des lettres par un l.

baver	la bouche	un matin	sourd
……………	la ……………	un……………	……………

3 Complète le texte avec les étiquettes (page 57).

Il était une fois une petite [ ] rousse.

Un jour elle trouva [ ].

Qui m'aidera à le [ ] ?

[ ], dit le chien.

4 Retrouve les quatre mots cachés dans la grille et entoure-les.

Z	K	I	J	O	C	H	I	E	N
C	A	N	A	R	D	T	W	N	O
H	E	P	O	U	L	E	A	I	E
V	W	D	I	C	H	A	T	U	L

Date : ....

J'écris

1 Tu vas écrire une **nouvelle histoire** de la petite poule rousse.

Un jour la petite poule rousse trouva…

« Qui m'aidera à…

— Pas moi, dit le chien.

— Pas moi, dit le chat.

— Pas moi, dit le canard.

— Alors, je…

Date : ....

EN DÉBAT

Je prends la parole

1 Que répondent le canard, le chat et le chien quand la petite poule rousse demande de l'aide ?

2 Que répondent le canard, le chat et le chien quand la petite poule rousse demande qui veut manger le pain ?

3 À ton avis, le canard, le chat et le chien sont-ils de bons amis de la petite poule rousse ?

4 Relie ce qui correspond à l'histoire.

Le canard, le chat et le chien sont •

La petite poule est •

- rousse
- paresseux
- gentils
- courageux
- rouge
- gourmands
- courageuse

Date : ....

Je lis aussi

• Texte 1

Pouce

À la rescousse
S'écrie la poule rousse
Sortant sa frimousse.
La pie n'est pas douce,
Elle me pousse
Sous la mousse
Et je tousse !

« Pouce », extrait de *Une année de comptines et de poésie (vol. 4), L'été*, M.-H. Mondou, M. Dupuy-Sauze, Magnard Jeunesse, 2000.

1 Relis le poème et barre les intrus.

| rousse | pousse | poule | elle | frimousse | la |

2 Colorie d'une même couleur les mots qui riment.

3 Où se trouvent ces mots dans le poème ?

4 Apprends ce poème et dis-le le plus vite possible.

Date : ....

Je lis aussi

• **Texte 2**

Poule rousse va chercher du bois au bûcher.
Alors, houp !
Le renard saute dans la cuisine [...] et se cache derrière la porte. Poule rousse prend du bois et rentre tranquillement dans sa maison.
Mais, ha !
Le renard l'attrape et la fourre dans son sac [...]
— Je te tiens, je te tiens ma belle !
Le renard jette le sac sur son épaule et s'en va en sifflant.
Poule rousse est tout étourdie. Elle se débat dans le sac et lance un « cot, cot » plein d'effroi.
Mais... qui l'entendra ?

Poule rousse, raconté par Lida, illustré par Étienne Morel, Père Castor, Flammarion.

1 Où se cache le renard ?

2 Colorie la phrase qui correspond au texte.

Le renard mange Poule rousse.

Le renard attrape Poule rousse.

Le renard crie : Poule rousse.

3 À ton avis, qui peut entendre Poule rousse ?

Date : ....

Je découvre le monde

Du blé...

① Les graines

② La pousse

③ La moisson

...au pain

4 Le pétrin

5 Le four

6 Le pain

1 **Observe le document des pages 14-15 et colorie son titre.**

À la campagne	Du blé au pain	Chez le pâtissier

2 **Que t'apprend-il ?**

3 **Associe à chaque photo une légende en la numérotant.**

☐ Le blé est mûr ☐ La boulangerie ☐ Les grains de blé

☐ Le pétrin ☐ La moisson ☐ La cuisson du pain

4 **Relie chaque machine à son utilisation.**

La moissonneuse •	• cuit le pain.
Le pétrin •	• fauche le blé.
Le four •	• mélange la pâte.

Date : ....

Vrai ou faux ?

Coche la bonne réponse.

	V	F
1. La petite poule rousse trouve un grain de blé.	❐	❐
2. Le chien, le chat et le canard l'aident à le planter.	❐	❐
3. La petite poule rousse arrose les fleurs.	❐	❐
5. La petite poule rousse porte le blé au moulin.	❐	❐
4. Le chien, le chat et le canard coupent le blé.	❐	❐
6. Le chien, le chat et le canard répondent toujours : « D'accord. »	❐	❐
7. La petite poule rousse fait du pain.	❐	❐
8. Le chien, le chat et le canard mangent le pain.	❐	❐
9. Le chien, le chat et le canard sont les amis de la petite poule rousse.	❐	❐
10. La petite poule rousse se moque d'eux.	❐	❐

Date : ....

Moi, quand je serai grand…

pp. 21-50

Je découvre l'histoire

1 Découpe le puzzle (page 59) et reconstitue la **couverture** de l'histoire.

2 Observe la couverture et réponds aux questions.

Quel est le **titre** de l'histoire ?

....

Quel est le nom de l'**auteur** ?

....

Quel est le nom de l'**illustrateur** ?

....

3 Observe bien l'**illustration** de couverture et réponds aux questions.
Les nuages ont-ils une forme particulière ?

....

Que peux-tu dire sur les yeux du petit garçon ?

Que fait-il ?

Date : ....

Je lis et je dis

« Bonjour, je m'appelle Thomas, j'ai six ans et j'en ai marre que l'on me demande tout le temps ce que je voudrais être plus tard. »

1 Tu vas dire plusieurs fois ce passage de l'histoire en changeant de **ton** à chaque fois :

énervé | triste | en pleurnichant | en reniflant

2 Dans le texte, souligne de la même couleur les **groupes de mots** que l'on doit **lire ensemble**. Indique d'un trait les endroits du texte où tu fais une petite **pause**.

3 Lis le passage suivant en changeant de ton :

moqueur | en colère

« Tom pompier ! C'est un vrai trouillard ! Il ne se lâche même pas des deux mains quand il descend du toboggan. »

4 Souligne les différents **points** de cet extrait, écris-les et indique leur nom.

☐ ....

☐ ....

Date : ……………………………………

Je comprends

1 **Colorie d'une même couleur les cadres qui se rapportent au même personnage.**

Tom

cosmonaute

Lucie

pâtissier

Thomas

pompier

Il ne se lâche même pas des deux mains quand il descend du toboggan.

Les gâteaux, j'aime les manger mais j'aime pas les faire.

Elle est toujours dans la lune.

2 **Colle la vignette qui convient au texte (étiquettes page 59).**

On ne mange pas un bon goûter à cinq heures.	On ne vous raconte pas une belle histoire avant de dormir.	On ne vous sort pas du bain avec une serviette chaude.	On ne joue pas au loup, à cache-cache.

Date : ....

Je joue avec les mots

1 **Explique en quoi consistent les métiers suivants :**

Pompier :

Cosmonaute :

Pâtissier :

2 **Écris ces mots dans l'ordre alphabétique.**

....

3 **Cherche un mot que l'on peut former avec des lettres du mot proposé. (Tu peux mélanger les lettres.)**

Exemple : « maîtresse » ⇨ un objet pour boire un café : **tasse**

pompier ⇨ le nom d'un fruit : ....

pâtissier ⇨ un bandit des mers : ....

cosmonaute ⇨ un animal qui donne de la laine : ....

4 **Colorie l'adjectif qui résume le mieux l'expression du livre.**

« Être toujours dans la lune » :	dormeur	blagueur	rêveur
« Être un vrai trouillard » :	courageux	peureux	heureux
« Aimer manger des gâteaux » :	mordant	gourmand	galant

Date : ....

J'écris

Imagine trois autres choses que l'on ne peut plus faire quand on est grand. Écris-les et dessine-les.

Quand on est grand, on ne peut plus...

Quand on est grand, on ne	
Quand on est grand, on ne	
Quand on est grand, on ne	

Date : ....

EN DÉBAT

Je prends la parole

Moi quand je serai grand je pourrai...

Moi quand je serai grand je ne pourrai plus...

1. Trouve plusieurs idées pour trouver les avantages et les inconvénients de grandir.

2. Imagine et écris en prenant modèle sur les exemples.

Ex. : **Elle peut être cosmonaute car** elle est toujours dans la lune.
Ex. : **Il ne peut pas être pompier car** il est trouillard.

Elle peut être dentiste car

Elle ne peut pas être chanteuse car

Il peut être jardinier car

Il ne peut pas être vétérinaire car

Je découvre le monde

Module 7 LE VIVANT

Comment bien grandir ?

Pour bien grandir, être actif et vivre en bonne santé, une alimentation riche et variée est nécessaire. Lorsque tu as faim, ton corps demande que tu lui donnes tout ce dont il a besoin.

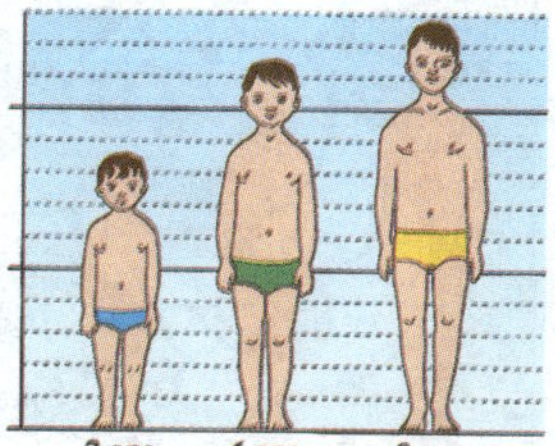

▶ Une croissance rapide

À 8 ans, tu es presque 3 fois plus grand(e) et environ 8 fois plus lourd(e) que le jour de ta naissance, grâce à l'alimentation que tu as reçue.

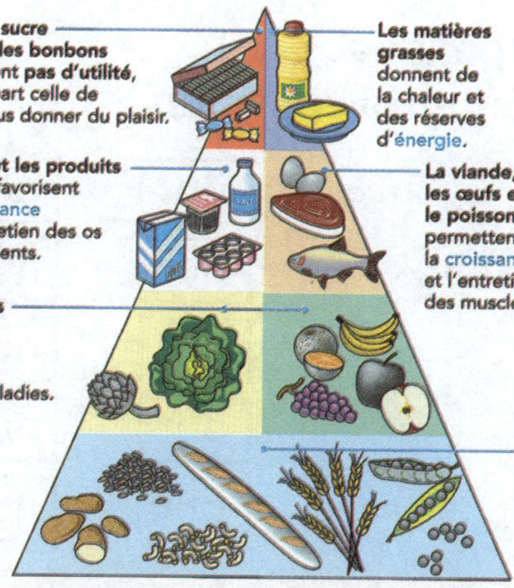

▶ Varier la nourriture

Chaque groupe d'aliments a un rôle différent.
Dans le triangle ci-contre, plus l'espace occupé par un groupe est grand, plus nous en avons besoin pour bien vivre.

Ateliers

- Procure-toi les menus des repas de la semaine à la cantine scolaire. Toutes les catégories d'aliments ont-elles été servies au moins une fois au cours de la semaine ?
- Par groupes, découpez des images d'aliments dans des journaux. Classez-les dans un tableau.

60 Soixante

Les Ateliers Hachette, *Les Maths à la découverte du monde CE1.*

1 Regarde le premier dessin et réponds aux questions.

Quelle taille fait-on à 2 ans ? ....

Quelle taille fait-on à 6 ans ? ....

Quelle taille fait-on à 8 ans ? ....

2 Qu'est-ce qui montre que l'on grandit ?

....

Date : ....

Moi, quand je serai grand...

Je lis aussi

1 **Coche les bonnes réponses.**
Ces deux images peuvent provenir d'un :

dictionnaire	oui	non
album de bandes dessinées	oui	non
recueil de poésies	oui	non
livre de recettes de cuisine	oui	non
annuaire	oui	non

2 **Comment se nomment les espaces où le texte est écrit ?**

....

3 **Ces images sont-elles :**

☐ drôles ☐ humoristiques ☐ tristes ☐ méchantes ☐ cruelles

4 **Connais-tu le mot « cheeseburger » ?**
Quelle est son origine ?

☐ anglaise ☐ italienne ☐ espagnole ☐ russe

Recherche une traduction en français.

....

Date : ....

Vrai ou faux ?

Coche la bonne réponse.

	V	F
1. Le héros de l'histoire se prénomme Tom.	❐	❐
2. Le héros de l'histoire à six ans.	❐	❐
3. Tom veut être pompier.	❐	❐
4. Lucie veut être pâtissière.	❐	❐
5. Thomas veut être cosmonaute.	❐	❐
6. Quand on est grand on nous raconte toujours des histoires avant de dormir.	❐	❐
7. Quand on est petit, on nous sort du bain avec une serviette chaude.	❐	❐
8. Quand on est grand on ne joue plus à cache-cache.	❐	❐
9. Quand on est grand on peut monter sur les balançoires.	❐	❐
10. Quand on est grand on joue avec ses copains pendant la récréation.	❐	❐

Date : ....

La sorcière de mes rêves

pp. 51-80

Je découvre l'histoire

1 Découpe les étiquettes (page 61) et colle-les sur la **couverture** au bon endroit.

2 Observe l'**illustration** de la première de couverture.
Combien y a-t-il de personnages ? ....

Qui peut-il être ?

Que peut-il faire ?

3 Observe la **quatrième de couverture**, qui présente l'histoire.

> Antoine adore les livres de sorcières. Il est amoureux de la grosse et méchante sorcière Baba-Barbouilla. Mais pour l'épouser, il doit passer une série d'épreuves…

Qui sont les **personnages** de l'histoire ?

....

Que veut faire le **héros** de l'histoire ?

....

Date : ....

Je lis et je dis

« Pour m'épouser, dit Baba-Barbouilla, mange ces vers de terre. »
Antoine le sorcier prend sa fourchette, mais…

« Non ! crie-t-il. Je n'aime pas les vers de terre, je préfère…
…les tomates !
— Ha ! Ha ! Ha ! rit Baba-Barbouilla. Puisque tu n'as pas mangé les vers, tu ne peux pas m'épouser. Essayons autre chose. »

1 **Qui dit quoi ? Mets une croix dans la case qui convient :**

	Baba-Barbouilla	Antoine
– Non ! Je n'aime pas les vers.	❐	❐
– Ha ! Ha ! Ha !	❐	❐
– Tu ne peux pas m'épouser.	❐	❐
– Essayons autre chose.	❐	❐
– Je préfère… les tomates !	❐	❐
– Pour m'épouser mange ces vers.	❐	❐

2 **Colorie les guillemets dans le texte ci-dessus.**

3 **Souligne dans le texte les mots qui indiquent qui parle.**

Je comprends

1 **Colle dans l'ordre de l'histoire les images (étiquettes page 61) représentant les transformations d'Antoine et écris en dessous leur nom.**

Antoine sorcier	Antoine	Antoine ....
Antoine	Antoine	Antoine ....

Je joue avec les mots

1 Colorie le nom de la sorcière.

Baba-Bardouilla	Baba-Barbouilla	
Bada-Barbouilla	Daba-Bardouilla	Baba-Barpouilla

2 J'aime, je n'aime pas. Observe l'exemple et continue (aide-toi de l'histoire).

Ex. : Je n'aime pas les vers de terre, j'aime les tomates.

.... **les souris,** ....

.... **les petits enfants,** ....

.... **l'herbe,** ....

.... **les crocodiles,** ....

3 Mots croisés.

1 : Animal de la famille des fauves rayé feu et noir.
2 : Animal qui a disparu de la surface de la Terre.
3 : Animal domestique ressemblant à un petit fauve.
4 : Personnage qui a des pouvoirs surnaturels.
5 : Bandit qui vole et pille les bateaux.
6 : Personnage des contes qui dévore les petits enfants.

AU FIL DU STYLO

J'écris

1 Complète le texte suivant. Ajoute un épisode avant la fin de l'histoire et illustre-le.

Puisque tu n'as pas mangé le crocodile,

tu ne peux pas m'épouser. Essayons autre chose.

Bing ! Elle tape sur la tête d'Antoine le pirate et, par magie,

il se transforme en…

« Pour m'épouser, dit Baba-Barbouilla, mange

Non ! crie Antoine le … je n'aime pas…

je préfère …

Date : ....

EN DÉBAT

Je prends la parole

Elle est grande, elle est grosse, elle a l'air méchant.
Mais Antoine la trouve drôle.
Mais Antoine la trouve belle.
Si belle qu'il ferme les yeux et…

1 **À ton avis, pourquoi y a-t-il des points de suspension à la fin de ce paragraphe ?**

2 « Bing ! Elle tape sur la tête d'Antoine et, par magie, il se transforme en…. » **Imagine que toi aussi tu te transformes. Dis ce que tu ne veux pas manger.**

« Du temps où j'étais ,

je ne voulais pas manger de

3 **Qu'aimerais-tu être ?**

« Si je pouvais me transformer, je me transformerais en

et je voudrais manger ,

car »

Date : ....

Je lis aussi

1 Qu'est-ce que cette maman a de particulier ?

2 Entoure sur chacune des illustrations les indices qui montrent les particularités de cette maman.

3 Décris en quelques mots pour chaque extrait d'illustration que tu as entouré ce qui n'est pas habituel.

Date : ....

Je découvre le monde

Du têtard...

1 Des œufs de grenouille.

La grenouille s'accouple et pond des œufs. De chaque œuf sort un jeune têtard. Il respire par des branchies cachées à l'arrière de sa tête et par sa peau.

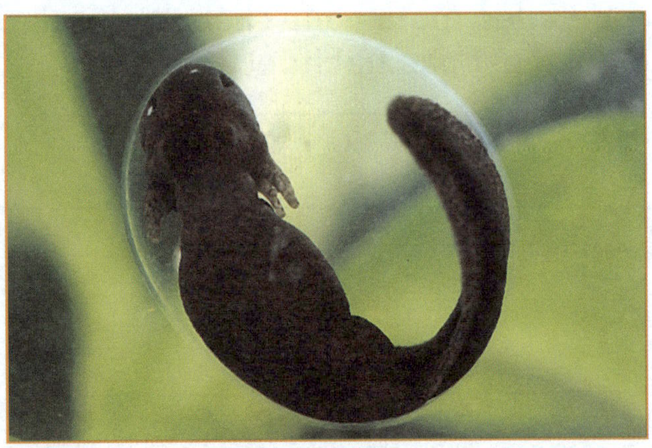

2 Larve de grenouille prête à sortir de l'œuf.

...à la grenouille

3 Jeune têtard (5 mm).

Puis le têtard grandit et se métamorphose. Il a deux pattes, puis quatre. Sa queue se réduit progressivement. Il devient une jeune grenouille qui sort de l'eau.

4 Jeune grenouille sur terre avec reste de queue (8 cm).

Date : ....

Je découvre le monde

1 Observe les images des pages 36-37.
Écris dans l'ordre les différents stades du développement de la grenouille :

grenouille	œuf	têtard	larve

....

....

2 Colorie les extraits de phrases qui sont écrites dans le document.

une jeune grenouille qui sort de l'eau

Jeune grenouille sur terre.

Accouplement de grenouilles et ponte des œufs.

Le têtard grandit et se métamorphose.

3 Connais-tu d'autres animaux qui se métamorphosent au cours de leur vie ?
(Tu peux chercher dans des livres documentaires.)

....

....

....

Date : ....

Vrai ou faux ?

Coche la bonne réponse.

	V	F
1. Antoine aime les livres qui font peur.	❐	❐
2. Baba-Barbouilla est une sorcière belle, petite et gentille.	❐	❐
3. Antoine veut épouser Baba-Barbouilla.	❐	❐
4. Pour épouser la sorcière, Antoine doit manger des vers de terre.	❐	❐
5. Pour épouser la sorcière, Antoine doit manger des rats.	❐	❐
6. Pour épouser la sorcière, Antoine doit manger des enfants.	❐	❐
7. Pour épouser la sorcière, Antoine doit manger de l'herbe.	❐	❐
8. Pour épouser la sorcière, Antoine doit manger un crocodile.	❐	❐
9. Pour épouser la sorcière, Antoine doit manger son papa.	❐	❐
10. En fait l'histoire d'Antoine n'était qu'un rêve.	❐	❐

Date : ....

Un boxeur d'un mètre dix

pp. 81-101
1re partie

Je découvre l'histoire

1 Lis le **titre**.

Quelle **taille** mesure le héros de cette histoire ? ....

Et toi ? Quelle **taille** mesures-tu ? ....

Quel **âge** peut avoir le héros ? ....

2 Complète la **fiche de présentation** de ce livre.

Titre : ....

....

Auteur : ....

....

Illustrateur : ....

....

Éditeur : ....

....

Collection : ....

....

Dessine la **couverture**.

Date : ....

3 Feuillette le **début de l'histoire** jusqu'à la page 101. Écris la liste des **personnages** rencontrés.

....

....

....

4 Lis la **quatrième de couverture.**

> Plus tard, Max rêve de devenir un boxeur poids lourd. Et il a tout prévu : un surnom, un coach, des entraînements intensifs et des combats…

Qui raconte cette histoire ?

....

Que veut devenir Max ?

....

À ton avis, que peut-il lui arriver ?

Je lis et je dis

Le héros a dessiné une tête de tigre au feutre sur son peignoir.

Quand elle a vu le résultat, Maman a hurlé. Elle a dit qu'elle ne pourrait plus le laver parce que ça allait déteindre.

Puisque je ne le mets qu'à la sortie du bain, mon peignoir est forcément toujours propre. Je ne vois donc pas pourquoi il faudrait le laver.

1 Entoure en **rouge** ce que dit la **maman.**

2 Entoure en **bleu** ce que dit le **héros.**

3 Indique **comment parle** chaque personnage, puis dis le texte.

La maman parle :

☐ gentiment ☐ en hurlant

Le héros parle :

☐ en râlant ☐ en pleurant

4 Colle la **bulle** qui convient auprès de chaque personnage. (Bulles page 63.)

Je comprends

1 Colorie le nom de boxeur que se donne le héros.

Jo Tiger	Max boxeur	Max Tigre
Bob Tiger	Max Tiger	Max la terreur

2 Relie ce qui correspond à l'histoire.

La maman du héros hurle parce qu'il a •

- dessiné une tête de tigre sur son peignoir.
- fait les courses avec son père.
- mis des boules de polystyrène partout dans sa chambre.
- cousu ensemble les doigts de ses gants.
- sauté à la corde mieux que toutes les filles.
- accroché un steak à un cintre pour le boxer.

3 Complète l'illustration en ajoutant les quatre détails qui manquent.

Maman a encore hurlé.
Elle m'a demandé si
j'étais malade ou quoi.

Je joue avec les mots

1 Complète le texte avec les étiquettes (page 63).

J'ai aussi un sparring-partner. Il s'appelle [   ],
c'est mon [   ].
Benjamin est [   ].
Il a déjà perdu un [   ] dans la bagarre, mais il
[   ] le combat.

2 Transforme les phrases, comme dans l'exemple.

Ex. : **J'ai dessiné** une tête de tigre. ⇨ **Je dessine** une tête de tigre.

J'ai écrit mon nom en grosses lettres.

....

J'ai accroché un steak à un cintre.

....

Ex. : Benjamin **continue** le combat. ⇨ Benjamin **a continué** le combat.

Benjamin perd un œil dans la bataille.

....

Maman hurle encore.

....

3 Barre l'intrus dans chaque liste.

boxeur	chuchoter	courageux	gant
chanteur	hurler	hardi	maillot
basketteur	crier	intrépide	fleur
nageur	rugir	peureux	short

J'écris

Papa serait champion du monde poids lourd.
Il aurait sa photo dans tous les journaux.

Écris un **article de journal** qui raconte comment le père du héros serait devenu champion du monde. Dessine sa victoire.

La gazette du sport

Champion du monde !

La victoire

Date : ....

Je prends la parole

1 Dessine une bêtise du héros.

2 À chaque bêtise, quelle est la réaction de sa maman ?

....

3 Quelle est la réaction de son papa ?

....

4 Que pense le héros de sa maman et de son papa ?

....

5 Et toi, explique ce que tu en penses.

Date : ....

Vrai ou faux ?

Coche la bonne réponse.

	V	F
1. Le héros de cette histoire veut être chanteur.	❐	❐
2. Le sparring-partner entraîne le boxeur.	❐	❐
3. MAX TIGER, c'est de l'espagnol.	❐	❐
4. L'ours du héros s'appelle Valentin.	❐	❐
5. La maman du héros hurle beaucoup.	❐	❐
6. Le héros saute très bien à la corde.	❐	❐
7. Sauter à la corde est excellent pour le jeu de jambes.	❐	❐
8. Le héros s'entraîne avec un copain.	❐	❐
9. Son père ne hurle jamais.	❐	❐
10. Son père est un grand boxeur.	❐	❐

Date : ....

Un boxeur d'un mètre dix

pp. 102-126
2e partie

Je lis et je dis

1 Complète le texte avec les étiquettes (page 63).

[ ]

En fait, il s'appelle Paul mais il préfère qu'on l'appelle Paulo

[ ].

Un entraîneur, [ ] pour un boxeur.

C'est quelqu'un qui est très intelligent

et qui [ ].

Parce que vous voyez, nous, avec tous nos entraînements,

[ ].

2 De qui parle le héros ?

....

3 Comment en parle-t-il ?

☐ avec tristesse ☐ avec énervement

☐ avec admiration ☐ avec colère

4 Relis le texte avec le ton qui convient.

Je comprends

1 Dessine.

Deux choses que Paulo fait faire au héros.	Deux ennemis du héros

2 Barre les mots intrus.

Et puis si Maman hurle encore gentiment parce que j'ai déchiré mon pull, perdu mon sac, troué mon pantalon ou parce que j'ai encore une dent cassée et un œil au beurre noir, Paulo me console et me raconte une histoire.

3 Quel est le pire ennemi du héros ?

....

4 Pourquoi est-il intouchable ?

....

Je joue avec les mots

❶ Chaque signe : ☼ □ ○ correspond à une voyelle.
Complète le texte.

☼l org□n☼s○ auss☼ mes comb□ts.
J○ m○ b□ts contre c○lui qu'☼l
m○ dés☼gne.

❷ Transforme les phrases.

Ex. : **Maman hurle. J'ai déchiré mon pantalon.**
⇨ Maman hurle parce que j'ai déchiré mon pantalon.

Paulo me console. J'ai un œil au beurre noir.

....

J'irai refaire le portrait du coiffeur. Il me fait une coupe au bol.

....

J'ai des mauvaises notes. Je copie sur Paulo.

....

❸ Colorie les mots qui conviennent.

Mais [avant / après] tout cela, il faudra que je batte mon pire [ami / ennemi].

Jusqu'à présent il a toujours [gagné / perdu].

Il vient le [soir / matin]. Je suis seul dans [ma chambre / ma salle de bain].

Date : ....

J'écris

Et puis si Maman hurle parce que j'ai déchiré un pull, troué mon pantalon ou parce que j'ai encore un œil au beurre noir, Paulo me console.

1 **Et toi, raconte ce que tu pourrais faire pour consoler le héros.**

2 **Illustre ce que tu ferais avec lui.**

Date : ....

Je prends la parole

1 Relis le passage suivant :

M. Froussard me met toujours des mauvaises notes. Il dit que je copie sur Paulo, que nos devoirs se ressemblent. Comment pourrais-je copier sur Paulo ? Je fais toujours mes exercices avant lui et Paulo, très gentiment, parce qu'il sait que je ne suis pas très malin, il me les prend et les corrige s'il y a besoin, mais d'après lui il n'y a jamais besoin.

2 Lequel des personnages copie sur l'autre ?

....

3 Pourquoi n'y a-t-il jamais besoin de corriger les devoirs du héros ?

....

4 Que pense, au contraire, M. Froussard ?

....

5 Recherche dans le texte un autre exemple où Paulo se sert du héros et dessine-le.

6 Que peux-tu dire du héros ?

Le héros de cette histoire est •

- méchant.
- naïf.
- menteur.
- sportif.

Date : ....

Vrai ou faux ?

Coche la bonne réponse.

V F

1. Paulo est l'entraîneur du héros. .... ❒ ❒

2. Le héros n'a pas trop le temps de réfléchir. .... ❒ ❒

3. Paulo fait porter son cartable au héros. .... ❒ ❒

4. Il arrive au héros d'avoir un œil au beurre noir. .... ❒ ❒

5. Le héros trouve tous ses entraînements très amusants. .... ❒ ❒

6. Le héros veut que le coiffeur lui fasse une coupe au bol. .... ❒ ❒

7. Le héros aime bien les chiens méchants. .... ❒ ❒

8. Le héros a toujours de très bonnes notes. .... ❒ ❒

9. Paulo copie sur le héros. .... ❒ ❒

10. Paulo est un véritable ami pour le héros. .... ❒ ❒

Date : ....

Je lis aussi

• Texte 1

Le copieur

Deux élèves sont assis côte à côte. Ils travaillent sur leur cahier.

PREMIER ÉLÈVE : Oh là là ! Drôlement dur, ce contrôle de maths ! Je n'arrive même pas à comprendre la première question !
(Il se penche sur son cahier.) 2 + …, 2 + …, 2 + 2 égale…
(Il se gratte la tête, l'air perplexe […] Puis il pousse son voisin du coude.)
Pssittt … 2 + 2, ça fait combien ?
(Pas de réponse, il recommence un peu plus fort.)
Pssittt … 2 + 2, ça fait combien ?
DEUXIÈME ÉLÈVE *(qui lève enfin la tête)* : Je veux bien te répondre, mais à une condition ! Tu me donneras une pomme !
PREMIER ÉLÈVE : D'accord ! Alors, ça fait combien 2 + 2 ?
DEUXIÈME ÉLÈVE : Ça fait deux millions six cent quarante-trois mille cinq cent douze !
PREMIER ÉLÈVE *(qui a l'air effaré)* : Tu en es sûr ?
DEUXIÈME ÉLÈVE : Oui !

Petites comédies pour les enfants, Christian Lamblin, Éd. Retz.

1 Quelle réponse cherche le premier élève ? (Coche-la.)

☐ 2 x 2 = ☐ 2 + 2 = ☐ 2 – 2 =

2 Que lui demande le deuxième élève en échange ?

☐ un bonbon ☐ un chewing-gum ☐ une pomme

3 La réponse du deuxième élève est-elle exacte ?

....

4 Pourquoi donne-t-il cette réponse à son camarade ?

....

Date : ....

Je lis aussi

• Texte 2

Olivier

Le maître dit qu'Olivier est un « faible ». Peut-être c'est un faible en classe, mais, alors, pas dans la cour de récré ! Alors, ça non ! C'est le plus fort de toute l'école et tout le monde en a peur, sauf Jujube.

Mais Jujube fait du judo, le mercredi. Il est ceinture noire, je crois. Ou rouge. Enfin, c'est une ceinture très forte. C'est drôle : je n'arrête pas de parler de « fort » et de « faible ». Je vais essayer de changer.

Olivier, c'est un garçon très méchant. Il s'attaque aux filles et aux petits.

Bravo, Tristan, Marie-Aude Murail, collection Arc-en-ciel, Poche Nathan, 1989.

1 Colorie les phrases qui correspondent au texte.

Olivier est faible en classe.

Olivier est faible dans la cour.

Olivier est fort en classe.

Olivier est fort dans la cour.

2 Recopie la phrase qui explique qu'Olivier est méchant.

Olivier est méchant parce qu'il ....

....

3 Tout le monde a peur d'Olivier sauf Jujube. Pourquoi ?

....

....

Date : ....

Je découvre le monde

1 Quel est le nom du boxeur français ? ....

2 Quel est son titre ? ....

3 Quel est le nom du boxeur américain ? ....

4 À quelle date s'est déroulé ce combat de boxe ?

....

5 Entoure, sur l'image, les mots qui montrent que c'est un combat très important.

Étiquettes

La petite poule rousse

page 4

page 5

Le chien	Le chat	Le canard	La petite poule rousse

page 9

poule	un grain de blé	Pas moi	planter

Étiquettes

Moi, quand je serai grand…

page 18

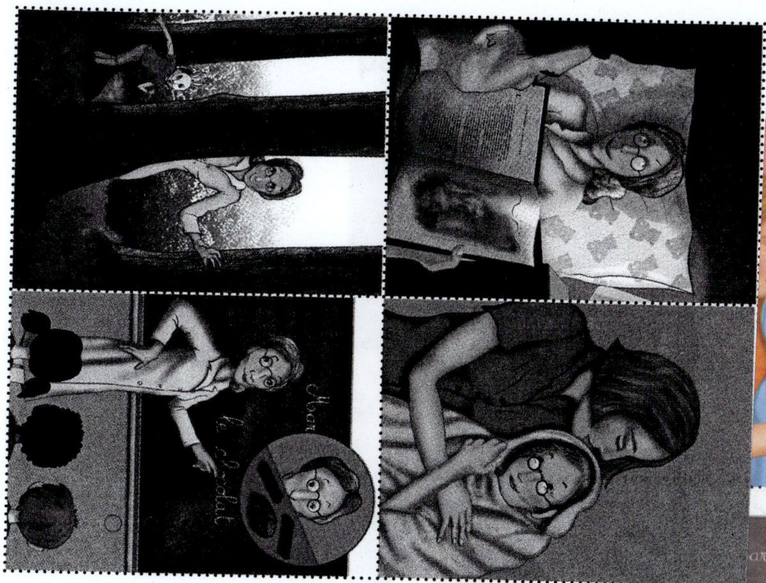

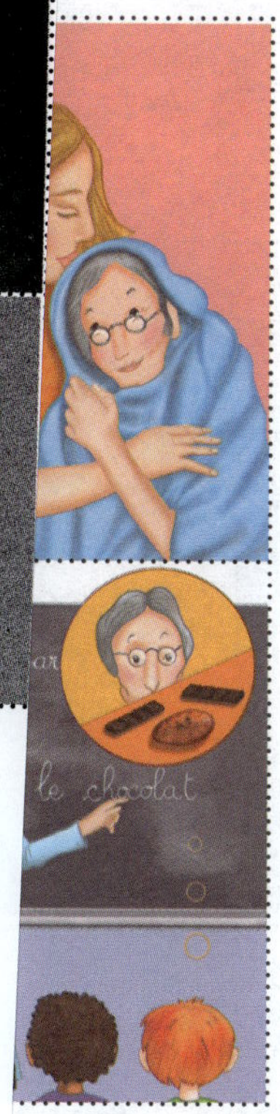

Étiquettes

La sorcière de mes rêves

page 28

Camille Noisette

La sorcière de mes rêves

Évelyne Lallemand

page 31

Étiquettes

Un boxeur d'un mètre dix

page 42

bulle 1 :

Ce n'est pas grave.
Mon peignoir est
toujours propre.

bulle 2 :

Je ne pourrais plus
laver ton peignoir.
Il va déteindre.

page 44

courageux	ours	continue	Benjamin	œil

page 48

parce que ça fait plus d'effet

c'est très important

Mon entraîneur, c'est Paulo.

on n'a plus trop le temps de réfléchir

qui pense à notre place

Crédits photographiques : page 14 © Claver Carroll/Age Fotostock ; © Christophe Valentin/Hoaqui ; © Michael & Mary Orton/Age Fotostock **page 15** © José Nicolas/Hoaqui ; © Jean-Daniel Sudres/Top ; © José Nicolas/Hoaqui **page 25** © Blandino/Bourgouint/Poing - Hachette Livre **page 26** Marcel et Georgette © Debyloo **page 35** Babette Cole, *J'ai un problème avec ma mère* coll. Folio Benjamin © Gallimard-Jeunesse **page 36 h et b** © A. et J. Six **page 37 h et b** © A. et J. Six **page 56** © collection Perrin/Kharbine Tapabor.

Édition : Thierry Amouzou
Iconographie : Anne Pekny
Fabrication : Marc Chamlin
Illustrations : Michel Backès, Nathalie Desverchère, Camille Noisette, Gusti
Logos : Florence Delclos
Création de la couverture : Laurent Carré, Alain Boyer
Réalisation de la couverture : Michaël Funck
Maquette intérieure : Michèle Bisgambiglia, Michaël Funck
Réalisation : François Hacker
Photogravure : Nord Compo

Imprimé en France par MAME (n° 07032341)
Dépôt légal : mai 2007
Collection n° 73 - Edition n° 03
11/6507/5